찰나의 순간
베 이 비

찰나의 순간 BABY

지은이 행복한 가족
펴낸이 임상진
펴낸곳 도서출판 넥서스

초판 1쇄 인쇄 2017년 1월 25일
초판 1쇄 발행 2017년 2월 5일

출판신고 제406-251002011000302호
10880 경기도 파주시 지목로 5
Tel (02)330-5500 Fax (02)330-5555
ISBN 978-89-98454-42-5 13590

출판사의 허락 없이 내용의 일부를
인용하거나 발췌하는 것을 금합니다.

가격은 뒤표지에 있습니다.
잘못 만들어진 책은 구입처에서 바꾸어 드립니다.

www.nexusbook.com

BABY

찰나의 순간
베 이 비

넥서스

축하합니다! 임신입니다
벚꽃잎이 흩날리던 어느 멋진 날, 우리에게도 아가가 찾아왔어요.

우리 아가가 세상 밖으로 나왔어요
10개월의 임신 기간이 지나고 드디어 우리 아가가 태어났어요.

첫걸음마를 뗐어요
언제 우리 아가가 걸음마를 배울까, 오래 기다렸는데 오늘 첫발을 뗐어요.

우리를 '마마', '빠빠'라고 불러요
옹알이를 하던 게 엊그제 같은데 우리를 '마마', '빠빠'라고 부르네요.

우리 붕어빵 부녀 맞죠?
걸음걸이, 웃는 모습 아빠를 쏘옥 빼닮았어요.

선물하고 싶은 《찰나의 순간》

- **출산 선물** · 임신한 친구에게 특별한 선물을 하고 싶다면 핸드메이드 성장 앨범&감성 라이팅북 《찰나의 순간》을 선물해 보세요.
- **우리 아가를 위한 선물** · 우리 아가가 훌쩍 커서 결혼을 하거나 아가를 낳았을 때 엄마 아빠가 손수 만든 《찰나의 순간》을 선물해 주세요. 우리 아가의 생일 때마다 성장 스토리를 담아 선물해 줘도 좋겠죠.
- **백일, 돌잔치 앨범** · 엄마 아빠가 예쁘게 꾸며서 백일이나 돌잔치에 전시해도 좋아요.
- **시댁, 친정 부모님 선물** · 매일 찾아뵐 수 없는 시댁, 친정 부모님들께 선물해 보세요. 부모님과 아가가 함께 찍은 사진도 넣는다면 더 의미 있겠죠.
- **우리 가족 앨범** · 엄마 아빠가 결혼 전에 자주 갔던 곳, 신혼여행으로 갔던 곳을 아가와 함께 한 곳씩 가 보세요. 결혼 전에 찍었던 장소에서 똑같은 포즈로 매년 아가와 함께 사진을 찍는다면 좋은 추억이 될 거예요.

How to use 1

우리 아가의 성장 스토리를 한 권의 성장 앨범&감성 라이팅북으로 만들어 보세요.
걸음마 하는 모습을 담은 사진, 월령별 성장 발달 사항을 기록한 메모, 아가에게 들려주고픈 이야기,
아가와 함께하고픈 것 등 사진과 글을 이 책에 남긴다면 행복한 선물이 될 거예요.

1. 포토 타이틀

사진 제목이에요. 기존 앨범은 사진 프레임만 있어서 직접 꾸미기 어렵다는
엄마 아빠들이 많았어요. 그래서 이 책에는 '임신', '만삭', '100일', '첫걸음마' 등
엄마 아빠들이 '기억하고픈 순간'들을 영문 타이틀로 적고 그와 어울리는
느낌을 예쁜 노랫말, 아가에게 들려주고픈 책 구절 등을 인용해서 표현했어요.
포토 타이틀과 글을 읽고 떠오르는 사진을 자유롭게 붙여 보세요.

2. 포토 프레임&메모

사진을 붙이고 글을 적는 공간이에요. 인치(inch)는 단위를 표시하지 않았고
센티미터는 'cm'로 표시했어요. 사이즈에 맞춰서 사진을 인화하거나 포토 프린터로
출력해서 붙여요. 사이즈보다 크게 출력해서 사진을 오려서 붙여도 예뻐요.

3. 예쁜 손그림

우리 아가가 건강하게 자라기를 바라는 마음을 담아
꽃, 나무, 풀 등 생명의 기운을 담은 예쁜 손그림을 넣었어요.
사진을 붙이면 손그림과 어우러져 우리 아가의 사진이 더욱 돋보여요.

1. 월별 성장노트

사진을 붙이거나 우리 아가의 월령별 성장 발달 사항,
월령별로 꼭 기억해야 할 우리 아가의 개인기를 적어도 좋아요.

2. 메시지

아가를 생각하면서 글을 써 보세요. 사진을 찍은 날짜를 써도 좋고, 우리
아가에게 하고 싶은 말이나 월별로 함께 하고 싶은 것들을 써도 좋아요.

3. 포토 프레임

아가가 12개월 미만이라면 월령별 사진을 붙이고,
12개월이 넘었다면 월별 추억할 만한 가족 여행 사진이나
입장권 등을 붙여도 좋아요.

4. 손도장&발도장

우리 아가의 발도장, 손도장을 찍어 보세요.

How to use 2

이 책은 엄마 아빠가 만드는 세상 하나뿐인 핸드메이드 성장 앨범&감성 라이팅북이에요.
사진 대신 아가에게 편지를 써도 좋고, 포토 프레임 사이즈보다 사진을 조금 작거나 크게 붙여도,
사진을 모양대로 예쁘게 잘라서 붙여도 좋아요. 사진을 붙일 때는 풀보다 양면테이프를 사용해야 들뜨지 않아요.

포토 타이틀을 보면 떠오르는 사진이 있죠?
소소한 일상, 특별한 순간 등을 자유롭게 붙여요.

사진을 포토 프레임에 맞춰서 붙여도 좋고,
아가의 동작에 따라 약간 비스듬하게 붙여도 예뻐요.

사진을 모양에 따라 잘라서 붙여도 예뻐요.
마스킹 테이프나 스티커를 붙여서 꾸며도 예뻐요.

포즈가 다른 사진을 연속으로 붙이면
생동감 있게 연출할 수 있어요.

포토 타이틀을 보고 어떤 사진을 붙여야 할지 모르겠다면, 아가를 둔 엄마아빠들이 뽑은 포토 힌트를 참고해 봐요.

• 포토 타이틀 • 포토 힌트 | Before Meeting You | 임신, 태아 초음파 사진 | Waiting For You | 태동, 만삭, 엄마가 만든 배냇저고리 | Our First Meeting | 출산, 아가와 첫 만남 | Oh! My Baby | 신생아 미소, 배냇저고리를 입은 아가 | Oh! Happy Day | 바운서, 아가 침대 | You Can Do It | 뒤집기, 첫걸음마 | Baby Is Smiling | 아가 미소 | Our Favorite Day | 산책 | Soul Food | 이유식 | Cheer Up! | 뒤집기, 첫걸음마 | You Are My Best Friends | 애착인형, 엄마 아빠와 놀이 | Happy Birthday to You | 100일, 생일 | Oh! Cuty Baby | 짝짜꿍 | Happy Life | 일상 | Happy for You | 엄마, 아빠와 함께 | Sense of Style | 선글라스, 커플룩 | Believe in Yourself | 호기심, 갸우뚱한 표정 | You're My Star | 포옹 | Twinkle, Twinkle, Little Star | 잠자는 모습 | Beautiful Moments | 거품 목욕 | It's Delicious | 까까 | You | 엄마랑 아기랑 | Love Is | 뽀뽀 | Baby Looks Like Us | 엄마 아빠 어릴 적 사진 VS 현재 아가 사진 | Go on a Trip | 여행 | Dear Parents | 부모님과 아가 | Mom, Dad & Me | 가족 사진, 엄마아빠 아가 발 사진 | I wish you happiness | 스냅 사진, 흑백 사진

How to use 3

이 책에는 절취선을 따라 뜯어서 사용할 수 있는 성장 엽서와 포토 키트도 담았어요. 엽서와 키트를 먼저 뜯어 낸 후 사진을 붙여요. 엽서에는 우리 아가의 기억하고 싶은 순간을 글이나 사진으로 기록해요. 포토 키트는 셀프 촬영할 때 좋은 소품이 될 수 있는 그림 카드예요. 백일이나 생일 파티에 가랜드(garland)처럼 사용할 수도 있어요.

엽서 뒷면에 기억하고 싶은 순간을 적어 보세요. 아가가 글을 읽을 수 있을 만큼 성장했을 때, 큰 선물이 될 거예요.

성장 엽서를 책상이나 냉장고에 붙여 두거나 액자에 끼워 두면 멋진 인테리어 소품이 돼요.

'50일', '1주년' 등 특별한 날, 셀프 촬영을 할 때 사용하는 포토 키트예요. 아가 옆이나 벽에 두고 촬영해 봐요.

가족 여행, 아가 목욕 등 일상을 사진으로 남길 때 쓰는 포토 키트도 있어요. 재미있게 연출해 봐요.

• 우리 아가를 위해 세상 단 하나뿐인 포토 앨범&감성 라이팅북을 만들어 보세요 •

보고 또 보고 싶은 우리 아가의 찰나의 순간, 카메라와 휴대폰 메모리에만 쌓아 두지 말고 《찰나의 순간》에 남겨 보세요. 사진을 찍고, 고르고, 붙이고, 글을 쓰면서 소중한 추억을 되새길 수 있을 거예요. 완성된 포토 다이어리는 가족들에게는 두고두고 펼쳐 볼 추억이, 우리 아가에게는 사랑이 담뿍 담긴 선물이 될 거예요.

Before Meeting You

그 깊은 떨림 그 벅찬 깨달음, 그토록 익숙하고 그토록 가까운 느낌
그대를 처음 본 순간 시작되었어요.

칼릴 지브란 〈그 깊은 떨림〉

운명,
우리 둘은 이렇게 하나이며
그 무엇도 우리를 갈라놓을 수 없어요.

칼릴 지브란 〈그 깊은 떨림〉

Waiting For You

나 그대를 사랑하기에
설레는 마음 안고 그대에게 가서 속삭였어요.

헤르만 헤세 〈나 그대를 사랑하기에〉

좋을 때나 힘들 때나
그대의 마음은
나와 함께 있으니
오롯이 내 것이에요.

헤르만 헤세 〈나 그대를 사랑하기에〉

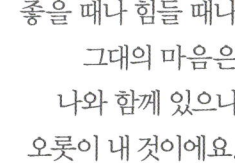

Photo here
7x10cm

Photo here
7x10cm

Our First Meeting

처음 당신을 만났죠. 만나자마자 울었죠.
기뻐서 그랬는지 슬퍼서 그랬는지 기억도 나지 않아요.

Ra.D 〈엄마〉

내 작은 선물에 너무 감동 마세요.
당신은 나에게 세상을 선물했잖아요.
잘할게요, 내가 잘할게요.

Ra.D 〈엄마〉

Oh! My Baby

처음 너를 만나던 그날, 설레던 5월의 아침
아카시아 달콤한 향기, 부드러운 바람, 그림 같은 예쁜 날들.

박학기 〈비타민〉

Photo here
4×6

여우비 내리던 여름 하늘을
구르던 너의 웃음
너는 나의 사랑, 너는 나의 요정.

박학기 〈비타민〉

Oh! Happy Day

오늘을, 언제라도 기쁘게 돌이켜 볼 수 있는
정말 멋진 날로 만들어요.

루시 모드 몽고메리 《에이번리의 앤》

Goona Trip

우리 아이가 태어나기 전
우리는 서로에게 한 약속이,
그때서 우리 아이와도 함께 가고 싶은 곳

Walking Routes

또래친구, 우리 가족 다 모여 산책할 코스

찰나의 순간 베이비

찰나의 순간 베이비

정말로 행복한 나날이란
진주 알들이 하나하나 한 줄로 꿰어지듯이
소박하고 자잘한 기쁨들이
조용히 이어지는 그런 날들이에요.

루시 모드 몽고메리 《에이번리의 앤》

You Can Do It

간절히 원한다면 넌 할 수 있어.
하지만 넌 하고 또 해야 해. 그럼 마침내 해낼 수 있어.

한스 안데르센 《인어공주》

믿음을 잃지 마.
운명의 사람은
널 향해 오고 있어.
최대한 빠른 걸음으로 말이야.

한스 안데르센 《인어공주》

Baby Is Smiling

기억해,
넌 세상을 빛으로 가득 채울 수 있는 존재야.

그림 형제 《백설공주와 일곱 난쟁이》

미소를 잃지 마.
밝은 햇살이
항상 널 비추고 있어.

그림 형제 《백설공주와 일곱 난쟁이》

Photo here
7×8cm

Photo here
7×8cm

Photo here
7×8cm

Our Favorite Day

어떤 날이든 너와 함께하는 날이 가장 좋은 날이야.
그래서 오늘이 가장 좋은 날이야.

앨런 알렉산더 밀른 《푸우》

Soul Food

서툰 솜씨지만 정성들여 만들어 주고 싶어요.
우리 엄마가 내게 그랬던 것처럼….

행복한 가족

Baby
Looks Like Us

우리 아이는
엄마 아빠 중 누구를 더 닮았나요

Your scent

음 풀풀
우리 냄새 맡으면 너도 든든하지

엄마표 카스텔라, 엄마표 자장면
생각하면 늘 따뜻한 기억으로 가득해요.

행복한 가족

Cheer Up!

이제부터 발견할 일이 잔뜩 있다는 건
정말 멋진 일이에요!

루시 모드 몽고메리 《빨간 머리 앤》

뭐든 미리 다 알고 있다면
시시하지 않겠어요?
상상할 거리가 없어지잖아요.

루시 모드 몽고메리 《빨간 머리 앤》

You Are My Best Friends

만약 니가 100살까지 산다면 난 100살에서 하루만 덜 살고 싶어.
난 너 없이 하루도 살 수 없으니까.

애니메이션 영화 〈스폰지밥〉

옆에 있으면
친구지
뭐가 더 필요해?

애니메이션 영화 〈스폰지밥〉

Happy Birthday to You

사랑하는 아가야,
늘 지금처럼 건강하게 자라 줘.

행복한 가족

사랑하는 아가야,
늘 지금처럼 행복한 미소를 지어 줘.

행복한 가족

Photo here
7×8cm

Photo here
7×8cm

Oh! Cute Baby

꽃들이 짝짜꿍 짝짜꿍 나비랑 짝짜꿍 짝짜꿍
우리 아가 짝짜꿍 짝짜꿍

이정임 《달님이 달강달강》

A Story for You

너에게 들려주고 싶은 이야기

A Great Book

내가 좋아하는 책,
내가 이어 주고 싶은 책

찰나의 순간 베이마

찰나의 순간 베이마

Mommy, I Love You

아이 라라라 잠자리로 들어갈 시간이에요

You're My Star

반짝반짝, 너 나가 자장했다고 느낄 순간,
쓰다듬다 테어나 자서 고맙다고 느낀 순간

철나의 순간 베이비

철나의 순간 베이비

애기풀이 곤지곤지
애벌레랑 곤지곤지
우리 아가 곤지곤지
엄마랑 곤지곤지

이정임 《달님이 달강달강》

Photo here
4×6

Happy Life

기분 좋은 일을 생각하면 날개가 생길 거야.
기쁨이 가득 차면 그땐 날 수 있어. 날아라~ 날아라~ 신나게!

제임스 매튜 배리 《피터팬》

꽃 같은 너의 존재가
하루를 활짝 피게
해줄 거야.

제임스 매튜 배리 《피터팬》

Photo here
7×8cm

Photo here
7×8cm

Photo here
7×8cm

Happy for You

왜 이유 없이 웃을 수 있냐구?
바로 너, 니가 있으니까.

애니메이션 영화 〈라이온 킹〉

Photo here
3×4

Photo here
3×4

Sense of Style

패션은 느낌이야. 이유가 있으면 안 돼!

크리스찬 디올(패션디자이너)

모든 아름다움의
비밀은 열정이야.

크리스찬 디올(패션디자이너)

Believe in Yourself

넌 내가 믿는 것보다 더 용감하고, 보기보다 강하고,
네 생각보다 훨씬 똑똑해.

앨런 알렉산더 밀른 《푸우》

You're My Star

사랑이란, 다른 사람의 행복이
나의 행복을 결정짓는 아름다운 현상이야.

카를로 콜로디 《피노키오》

Photo here
4×6

너 자신이 용기 있고 진실되고
다른 사람을 진심으로
배려하고 생각한다면,
언젠가 진짜 소년이 될 거야.

카를로 콜로디 《피노키오》

Twinkle, Twinkle, Little Star

세상에서 제일 좋은 곳은 우리 엄마 품.
엄마 품에 안기어서 잠이 들면요, 꿈나라에 데려다 줘요.

방정환 〈엄마 품〉

Photo here
4×6

Photo here 7x10cm   Photo here 7x10cm

Beautiful Moments

내 기분은 내가 정해요.
오늘 나는 '행복'으로 할래요.

루이스 캐롤 《이상한 나라의 앨리스》

Photo here
5×7

It's Delicious

비밀 재료는 없어요. 그럴 필요가 없거든요.
단지 특별하다고 믿으면 특별해져요.

애니메이션 영화 〈쿵푸 팬더〉

HAPPY
BIRTHDAY
to
YOU
FROM ALL OF US

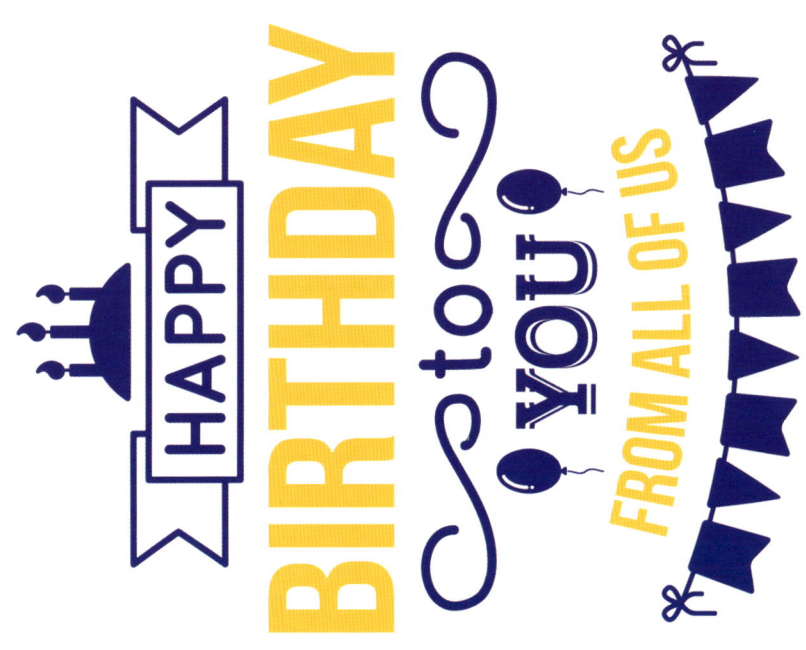

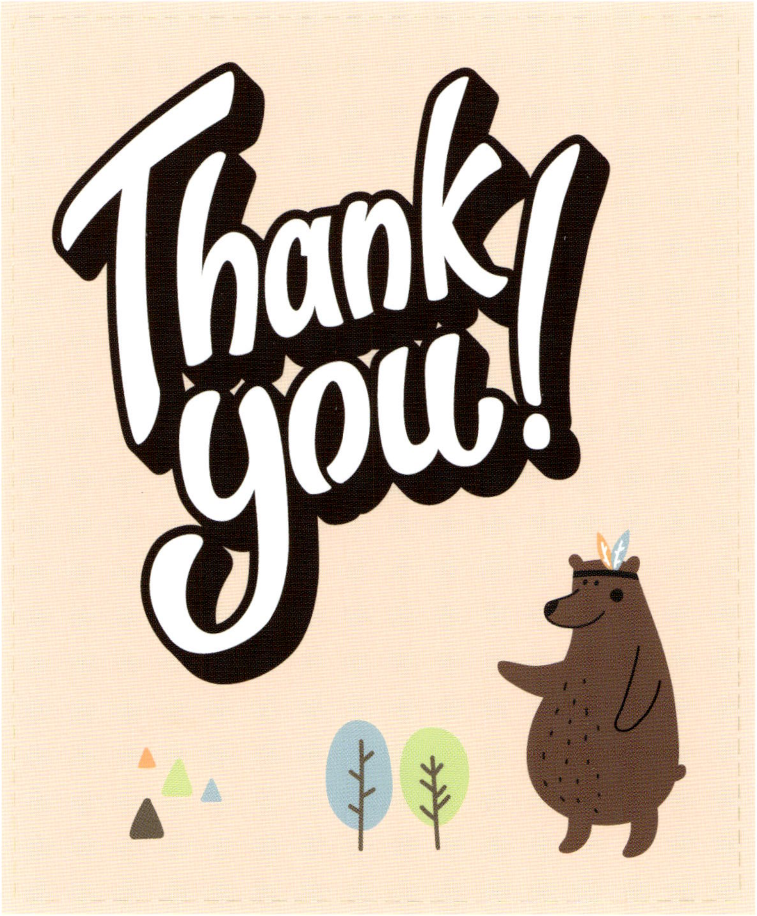
Thank you!

Photo here
7x10cm

Photo here
7x10cm

You

"뾰, 뾰, 뾰 엄마 젖 좀 주세요." 병아리 소리.
"꺽, 꺽, 꺽 오냐 좀 기다려." 엄마 닭 소리.

윤동주 〈병아리〉

좀 있다가
병아리들은 엄마 품 속으로
다 들어갔어요.

윤동주 〈병아리〉

Love Is

당신의 감정을 다른 곳에 허비하지 말아요.
당신의 모든 사랑을 나에게만 주세요.

영화 〈맘마미아〉

Baby Looks Like Us

상상할 수 있어요?
20년 후에 어떻게 될지.

영화 〈빅〉

Photo here
4×6

어린아이 같다고요?
우리가 생각하는 것보다
훨씬 어른스러워요.

영화 〈빅〉

Photo here
7x10cm

Photo here
7x10cm

Go on a trip

인생은 모두가 함께하는 여행이에요.
매일매일 사는 동안 우리가 할 수 있는 건 최선을 다해
이 멋진 여행을 만끽하는 거예요.

영화 〈어바웃 타임〉

Photo here
7×8cm

인생의
한 순간, 한 순간이
모두 즐거워요.

영화 〈어바웃 타임〉

Photo here
7×8cm

Photo here
7×8cm

Dear Parents

엄마, 아직도 기억해요. 어릴 적 당신의 품을.
엄마, 어느새 훌쩍 자라서 어른이 되었지만
난 언제나 당신의 무릎이 필요한 작은 아이일 뿐이죠.

바비 킴〈MaMa〉

4x6

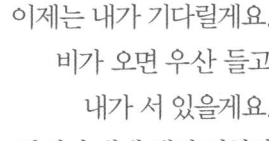

이제는 내가 기다릴게요.
비가 오면 우산 들고
내가 서 있을게요.
당신이 내게 했던 것처럼
내가 안아 줄게요.

바비 킴 〈MaMa〉

Photo here
7x10cm

Photo here
7x10cm

Mom, Dad & Me

니가 숨 쉬면 따스한 바람이 불어와.
니가 웃으면 눈부신 햇살이 비춰.

성시경 〈너의 모든 순간〉

가끔 내 어깨에
가만히 기대 주어서
정말 빈틈없이 행복해.

성시경 〈너의 모든 순간〉

I Wish You Happiness

창밖에 앉은 바람 한 점에도 사랑은 가득한걸.
네가 있는 세상 살아가는 동안 더 좋은 건 없을 거야.

김동규 〈10월의 어느 멋진 날에〉

Photo here
3×4

Photo here
3×4

내가 살아가는 이유,
꿈을 꾸는 이유,
모두가 너라는 걸.

김동규 〈10월의 어느 멋진 날에〉

이만큼 컸어요   cm   kg   이번 달 우리 아가 개인기

Photo here
3×5

Footprint   Handprint

이만큼 컸어요   cm   kg   이번 달 우리 아가 개인기

Photo here
3×5

Footprint   Handprint

이만큼 컸어요   cm   kg   이번 달 우리 아가 개인기

Footprint   Handprint

이만큼 컸어요   cm   kg   이번 달 우리 아가 개인기

Photo here
3×5

Footprint   Handprint

이만큼 컸어요   cm   kg   이번 달 우리 아가 개인기

Footprint   Handprint

이만큼 컸어요　　cm　　kg　　　　　　　　　　　이번 달 우리 아가 개인기

Footprint　　　　　　　　　　　　　　　Handprint

이만큼 컸어요   cm   kg   이번 달 우리 아가 개인기

Footprint   Handprint

이만큼 컸어요　　cm　　kg　　　　　　　　이번 달 우리 아가 개인기

Photo here
3×5

Footprint　　　　　　　　　　Handprint

이만큼 컸어요   cm   kg   이번 달 우리 아가 개인기

Footprint   Handprint

I love you to the Moon and back

내게
와줘서
고마워

이만큼 컸어요　　cm　　kg　　　　　　　　　이번 달 우리 아가 개인기

Footprint　　　　　　　　　　　　　Handprint

이만큼 컸어요   cm   kg   이번 달 우리 아가 개인기

Photo here
3×5

Footprint   Handprint

이만큼 컸어요   cm   kg   이번 달 우리 아가 개인기

사랑하는 사람과 함께 만드는 감성 앨범&라이팅북

찰나의 순간 BABY
행복한 가족 지음

태교부터 육아까지 엄마가 사진과 손글씨로 기록하는 성장 앨범&감성 라이팅북
우리 아가의 성장 스토리를 한 권의 성장 앨범&감성 라이팅북으로 만들어 보세요. 걸음마 하는 모습을 담은 사진, 월령별 우리 아가의 성장 발달 사항을 기록한 메모 등 예쁜 사진과 글을 《찰나의 순간 BABY》에 남긴다면 우리 아가에게 행복한 선물이 될 거예요.

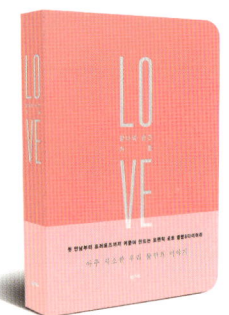

찰나의 순간 LOVE
보통의 우리 지음

첫 만남부터 프로포즈까지 커플이 사진과 손글씨로 기록하는 로맨틱 앨범&감성 라이팅북
사랑스러운 연인들의 소소한 일상부터 기념일, 여행 등 모든 순간을 커플 앨범&감성 라이팅북으로 만들어 보세요. 설레서 잠이 오지 않았던 기억, 서로 엇갈려 조바심 나던 시간 등 《찰나의 순간 LOVE》와 함께 둘만의 소소한 이야기를 시작해 보세요.

찰나의 순간 DOG
또 하나의 가족 지음

입양부터 가족이 되기까지 사진과 손글씨로 기록하는 반려견 성장 앨범&감성 라이팅북
항상 내 편이 되어 주는 또 다른 가족, 반려견의 성장 스토리를 한 권의 성장 앨범&감성 라이팅북으로 만들어 보세요. 함께라서 더 행복한 반려견의 일상을 담은 사진, 반려견에게 하고 싶은 이야기 등 입양에서 가족이 되기까지의 스토리를 《찰나의 순간 DOG》에 남긴다면 사랑하는 반려견에게 특별한 선물이 될 거예요.

찰나의 순간 CAT
또 하나의 가족 지음

입양부터 가족이 되기까지 사진과 손글씨로 기록하는 반려묘 성장 앨범&감성 라이팅북
항상 내 곁에서 나를 위로하는 또 다른 가족, 반려묘의 성장 스토리를 한 권의 앨범&감성 라이팅북으로 만들어 보세요. 도도한 냥이의 일상을 담은 사진, 냥이에게 하고 싶은 말 등 입양에서 가족이 되기까지의 스토리를 《찰나의 순간 CAT》에 남긴다면 사랑하는 반려묘에게 특별한 선물이 될 거예요.